Gesegnete Weihnachten!

Das Weihnachtsfest wird vorbereitet von der vierwöchigen Zeit des Advents. Die Adventszeit lädt uns ein, mit unserer Sehnsucht in Berührung zu kommen und auf das Kommen des Herrn zu warten. Viele tun sich heute schwer mit Warten. Sie haben den Advent in eine vorgezogene Weihnachtszeit umfunktioniert und können dann mit Weihnachten nur noch wenig anfangen. Sie sind gestresst von der Weihnachtsvorbereitung. Viele fliehen vor Weihnachten in südlichere Gefilde.

Seit meiner Kindheit ist mir Weihnachten ein vertrautes Fest, auf das ich als Kind schon immer hingefiebert habe. In der Spannung der Adventszeit habe ich Weihnachten immer als Erfüllung erlebt, als Höhepunkt des Jahres. Daher möchte ich dich, liebe Leserin, lieber Leser, dazu einladen, Weihnachten in diesem Jahr vielleicht einmal bewusster zu feiern, dir gerade an den Weihnachtstagen Zeit zu nehmen

für das eigentliche Geheimnis unseres Lebens, für das Geheimnis der Geburt, die auch in dir geschehen möchte.
Ich möchte das Geheimnis von Weihnachten in diesem Heft von biblischen Texten her betrachten. Vielleicht sind dir die Texte vertraut, vielleicht kannst du mit einigen wenig anfangen, weil sie in einer Sprache geschrieben sind, die dir fremd ist. Für mich ist es immer wieder spannend, mich auf diese Texte einzulassen. Denn sie beschreiben in Bildern, was ich mit dem Verstand allein nicht zu erfassen vermag. So hoffe ich, dass auch dir die Texte der Bibel das Geheimnis von Weihnachten als Zeit der Erfüllung neu erschließen. Weihnachten ist die Zeit, da dir Gott deine Träume vom Leben erfüllt. Die weihnachtlichen Texte sprechen deine Sehnsucht an und zeigen dir, wie und wodurch sie gestillt werden kann.

Die Verheißung des Engels

Am vierten Adventssonntag wird das Evangelium von der Verkündigung des Engels an Maria vorgelesen, wie sie uns Lukas erzählt. Maria ist ein einfaches Mädchen, das in Nazaret lebt. Ihr begegnet eines Tages der Engel Gabriel und verkündet ihr, dass sie ein Kind empfangen soll, das groß sein und »Sohn des Höchsten« genannt werden wird. Maria erschrickt. Und dennoch lässt sie sich auf den Engel ein. Wir denken, einem Engel würden wir auch trauen. Doch der Engel Gottes erscheint in menschlicher Gestalt. Es kann ein Mensch sein, der uns so anspricht, dass er unser Herz berührt. Es kann ein innerer Impuls sein. Es kann auch ein Traum sein. Engel kommen auch zu uns. Doch wir sind wohl kaum bereit, auf die Botschaft eines Engels hin unser ganzes Leben zu ändern. Maria ist bereit, sich auf die Verheißung des Engels einzulassen: »Siehe, ich bin die Magd des Herrn. Mir geschehe, wie du es gesagt hast.« Durch sie kommt neues Leben in die Welt.

Weihnachten ist auch für uns eine Herausforderung, den oft so leisen Impulsen des Engels zu trauen. Der Engel hat Maria ein Kind verheißen, das heilig sein wird. Etwas Neues, etwas Heiliges, etwas, über das die Welt keine Macht hat, wird in ihr und durch sie geboren. Diese Verheißung gilt auch uns. Wenn wir dem Wort des Engels trauen, wird Gott auch in uns Neues schaffen. Das göttliche Kind will auch in uns geboren werden. Es steht für das Echte und Authentische in uns, für das einmalige Bild, das Gott sich von uns gemacht hat.

Vielleicht fällt es dir schwer, daran zu glauben, dass Gott auch in dir Neues schaffen möchte. Du denkst, du seiest doch nicht würdig. Dein Leben sei so durchschnittlich. Du hättest nichts vorzuweisen. – Doch auch für dich gilt: Für Gott ist nichts unmöglich. Er kann auch in dir ein Kind entstehen lassen, das heilig ist, der Macht dieser Welt entzogen, ein göttliches Kind, das der ursprünglichen Idee Gottes von dir entspricht.

Der neue Mensch

In den letzten sieben Tagen vor Weihnachten bereiten wir Mönche uns in besonderer Weise auf das Weihnachtsfest vor. Am 17. Dezember und an den darauffolgenden sechs Tagen singen wir in der Vesper, unserem gemeinsamen Abendgebet, die sogenannten O-Antiphonen, in denen wir Maria preisen.

In der täglichen Eucharistiefeier werden die biblischen Texte aus Matthäus und Lukas gelesen, die die Geburt Jesu vorbereiten. Am 17. Dezember hören wir im Evangelium nach Matthäus vom Stammbaum Jesu. Bemerkenswerterweise ist es nicht der Stammbaum der Familie Marias, sondern Josefs, des Verlobten Marias.

Es ist heute wieder modern geworden, seinen Stammbaum zu erforschen. Wir sind nicht nur Kinder unserer Eltern, sondern wir sind hineingeboren in eine lange Geschichte. Unsere Vorfahren prägen uns mit.

Matthäus hat seinen Stammbaum sehr schön gegliedert. Er zählt dreimal vierzehn Generationen auf. Die Zahl Drei bezieht sich auf die drei Bereiche unseres Innenlebens, auf das Denken, das Fühlen und das Begehren. Vierzehn ist die Zahl der Heilung. Alle Bereiche des Menschen werden durch die Geburt Jesu geheilt. Doch in diese klare Ordnung hinein stellt Matthäus vier Frauen, die allesamt Ausländerinnen sind. In den Frauen durchbricht Gott die planmäßige Abfolge des Stammbaums. Vier Schritte führen in der Entwicklungsgeschichte unserer Welt von der Mineralwelt über die Pflanzen- und Tierwelt zum Menschen. Der fünfte Schritt ist der Überschritt zum Göttlichen. In Maria kommt Gottes Sohn zur Welt. Da wird der ganze Stammbaum, der einen ständigen Wechsel von Licht und Dunkel, von Heil und Unheil darstellt, geheilt und verwandelt. Matthäus zeigt, dass wir nicht festgelegt sind durch unseren Stammbaum. Er prägt uns zwar, aber in jeder Geburt schafft Gott auch etwas Neues. Gott ermöglicht auch uns immer wieder einen neuen Anfang.

Lukas lässt in seinem Evangelium den Stammbaum Jesu schon bei Adam anfangen. Jesus ist der neue Adam, der Mensch, der unsere tiefste Sehnsucht nach dem wahren und echten Menschen erfüllt. Er ist der gerechte Mensch, auf den die griechischen Philosophen gewartet haben, ein Mensch, der richtig ist, der das verkörpert, was Menschsein eigentlich meint. Und Jesus ist der, der das Verwundete und das Verbrauchte, das Abgenutzte und Fehlgeleitete in uns heilt und verbindet und es auf die richtigen Bahnen lenkt, auf die Wege des Friedens.

An Weihnachten feiern wir die Hoffnung, dass alles, was in unserer Familiengeschichte schiefgelaufen ist, zurechtgerückt wird, dass die dunklen Flecken unserer Geschichte und unsere Familiengeheimnisse aufgehellt werden und wir von Gott her einen neuen Anfang setzen, dass wir bei allem Geprägtsein durch unsere Geschichte doch unsere ganz persönliche Lebensspur in diese Welt eingraben.

Jedes Kind ist ein Geschenk Gottes

Am 18. Dezember hören wir bei uns im Kloster die Geschichte von der Geburt Jesu, wie sie uns Matthäus erzählt. Matthäus sieht die Geburt Jesu vom Mann, vom Vater her. Es braucht ja immer beide, Vater und Mutter, damit ein Kind geboren werden kann. Josef ist verlobt mit Maria. Sie erwartet ein Kind. Da es nicht von ihm ist, überlegt er, wie er mit dieser Situation umgehen soll. Auf außereheliche Schwangerschaft steht nach jüdischem Gesetz für die Frau die Strafe der Steinigung. Doch Josef liebt Maria. Es ist für ihn unvorstellbar, dass sie gesteinigt wird. Er will gerecht leben, das heißt nach dem jüdischem Gesetz, aber nicht so, dass ihm das Gesetz über alles geht. Er möchte auch Maria gerecht werden. So kommt er in seinen Überlegungen zu dem Entschluss, sich heimlich von ihr zu trennen. Mitten in diese sehr menschlichen Überlegungen greift ein Engel des Herrn ein. Im Traum erscheint der Engel dem Josef und erklärt ihm das, was er mit seinem Verstand nicht verstehen kann. »Fürchte dich nicht, Maria als deine Frau zu dir zu nehmen: Denn das Kind, das sie erwartet, ist vom Heiligen Geist. Sie wird einen Sohn gebären; ihm sollst du den Namen Jesus geben: denn er wird sein Volk von seinen Sünden erlösen.« Das Kind ist letztlich nicht sein Kind. Es ist vom Heiligen Geist. Es ist ein Kind Gottes.

Ein Kind ist nie der Besitz des Vaters. Die Aufgabe des Vaters ist es, dem Kind den Namen zu geben. Mit dem Namen gibt er dem Kind das Programm an, das über seinem Leben steht. Der Vater formt das Kind. Er lockt durch den Namen, durch die Art und Weise, wie er das Kind anspricht, das aus ihm hervor, was Gott in es hineingelegt hat.

Die Geburt Jesu erfüllt die Verheißung des Propheten Jesaja: »Seht, die Jungfrau wird ein Kind empfangen, einen Sohn wird sie gebären, und man wird ihm den Namen Immanuel geben, das heißt übersetzt: Gott ist mit uns.«

In Jesus wird Gott selbst bei uns und mit uns sein. Wir werden nie mehr allein sein. Das Einmalige, das Gott in der Geburt Jesu geschaffen hat, da Gott selbst Mensch geworden ist, wirft auch ein Licht auf unser Leben. Wenn ein Kind geboren wird, ist es nie nur das Wirken der Menschen, sondern immer auch Geschenk Gottes. Gott verheißt jedem Kind, dass er mit ihm sein wird. So zeigt uns Gott durch das Kind etwas von seiner Liebe und ist in dem Kind selbst bei uns anwesend.

Das Kind in der Krippe

Es gibt wohl kaum jemanden, der nicht von der Weihnachtsgeschichte des Evangelisten Lukas berührt wird, wie sie in jeder Weihnachtsmette und oft genug in der familiären Weihnachtsfeier vorgelesen wird. Lukas stellt das Geschehen der Geburt Jesu im armen Stall von Betlehem mitten in die Weltgeschichte hinein. Er zeichnet in dem unscheinbaren Kind im Stall ein Gegenprogramm zum Kaiser Augustus. Augustus galt als Friedenskaiser. Doch er hatte im Römischen Reich mit harter Waffengewalt nur einen falschen Frieden durchgesetzt. Jesus ist der wahre Friedenskönig. Er schafft Frieden, weil in ihm Gott selbst erschienen ist, weil in ihm Gottes Friede sichtbar und erfahrbar geworden ist. Lukas kritisiert mit seiner Erzählung von der Geburt Jesu die römische Herrschaftsideologie. Er distanziert sich aber auch von den Zeloten, von den jüdischen Freischärlern, die sich mit Gewalt gegen die Volkszäh-

lung durch den römischen Kaiser wehrten. Maria und Josef fügen sich der Verordnung des Kaisers.
Der Umsturz der Verhältnisse geschieht nicht mit Gewalt und durch äußere Macht, sondern von innen heraus. In diesem Kind von Betlehem hat Gott seinen Frieden in diese Welt gebracht. Weihnachten spricht unsere Sehnsucht nach Frieden in der Welt und in unseren Familien an. Wenn wir gemeinsam die Botschaft dieser wunderbaren Weihnachtserzählung in unser Herz eindringen lassen, kann in uns Friede werden.
Maria und Josef machen sich auf den Weg nach Betlehem, um an der Volkszählung teilzunehmen. In der Stadt ist kein Platz für sie. So kommt das Kind in einer Höhle zur Welt, die unter dem Haus liegt und dem Vieh als Aufenthaltsort dient. Es ist ein Raum äußerster Armut. Und die ersten, denen die frohe Botschaft von der Geburt des Kindes verkündet wird, sind Hirten. Hirten gelten bei den Juden als arme Menschen, als Menschen am Rand. Für die Griechen und damit auch für Lukas sind die Hirten jedoch die

Hüter der Liebe. Sie haben ein Gespür für die Liebe Gottes, die in dem kleinen Kind im Stall sichtbar geworden ist. Ihnen verkündet ein Engel die frohe Botschaft von der Geburt des Retters. In diesem kleinen Kind im Stall wird den Menschen der wahre Retter und eigentliche Herr der Welt geboren.

Nicht der Kaiser rettet diese Welt und nicht der Kaiser regiert als Herr. Gott hat vielmehr in dem Kind in der Krippe seine Herrschaft in der Welt errichtet. Sie wird durch die Macht der Liebe hindurch in diese Welt hineinwirken und diese Welt nachhaltiger verändern, als jede militärische Macht es jemals vermochte.

Licht in deiner Dunkelheit

In der Christmette wird uns auch ein Text aus dem Propheten Jesaja vorgelesen, der das Geheimnis der Nacht, die an *Weih*-nachten in eine ge-*weih*-te Nacht verwandelt wird, in wunderbaren Bildern beschreibt. Da heißt es: »Das Volk, das im Dunkel lebt, sieht ein helles Licht; über denen, die im Land der Finsternis wohnen, strahlt ein Licht auf.« **(Jes 9,1)**

Was der Prophet im Jahre 730 vor Christus einem verängstigten Volk verkündet hat, das wird auf die Geburt Jesu bezogen. In Jesus sieht das Volk, das im Dunkel lebt, ein helles Licht. Georg Friedrich Händel hat diesen Text in einer wunderbaren Bassarie vertont. Der Bass singt ganz tief vom Wandeln im Dunkeln. Man spürt so richtig, wie Händel sich die Seelenlage von Menschen vorstellt, in denen es dunkel ist.

Die äußere Dunkelheit ist heute weniger ein Problem. Die kann man elektrisch ausleuchten. Doch viele Menschen wandern in innerer Dunkelheit durch die Welt. Sie werden von Depressionen heimgesucht. Auch wenn äußerlich für sie alles in Ordnung ist, ihre Seele hellt sich einfach nicht auf. Sie sitzen wie in einem dunklen Loch und kommen nicht mehr heraus.

Ihnen wird die frohe Botschaft verkündet. Mitten in der Dunkelheit, in der Mitte der Nacht, geht von diesem Kind im Stall ein Licht aus, das auch ihre Finsternis durchdringen möchte. Doch wenn sich jemand richtig tief in einer Depression befindet, hilft ihm dann die Botschaft von Weihnachten? Es gibt viele Menschen, die Weihnachten feiern, und trotzdem bleibt es in ihnen dunkel. Man spricht auch von der »Weihnachtstrauer«, die manche überkommt, die sich an die Feste der Kindheit zurückerinnern und den Kontrast zu ihrer jetzigen Situation spüren. Und doch gibt es in jedem eine Ahnung, dass die Botschaft von Weihnachten das eigene Herz berührt, auch wenn es noch so traurig und von Dunkelheit umgeben ist. Weihnachten will keine heile Welt verkünden. Aber es will gerade die Menschen anrühren, die in sich verzweifelt sind, die sich einsam fühlen, abgeschnitten vom Leben. Das Kind in der Krippe ist eine Verheißung, dass da mitten in ihrer Fühllosigkeit doch ein Schimmer von Gefühl aufbricht, dass da mitten in ihrer Dunkelheit ein Licht aufleuchtet und das Kind den Gefühlspanzer durchbricht.

Der Prophet zählt die Namen auf, die dem Kind gegeben werden, das als Licht in der Finsternis aufleuchtet. Man nennt es: »Wunderbarer Ratgeber, Starker Gott, Vater in Ewigkeit, Fürst des Friedens«. Schon siebenhundert Jahre vor der Geburt Jesu wusste der Prophet um das Geheimnis dieses Kindes. Was er verheißen hat, das spricht auch unsere Sehnsucht an: Mitten in einer ratlosen Welt suchen wir nach dem, der wirklich Rat zu geben vermag, nach einem, in dem Gott aufleuchtet, nach einem, der uns als Vater den Rücken stärkt, und nach einem, der Frieden bringt in diese friedlose Welt.

»Erschienen ist die Güte und Menschenfreundlichkeit Gottes«

Im Weihnachtsgottesdienst am 25. Dezember wird ein wunderbarer Text aus dem Titusbrief vorgelesen: »Erschienen ist die Güte und Menschenfreundlichkeit Gottes, unseres Retters.« Titus beschreibt mit diesem Satz das Geheimnis von Weihnachten in Bildern und Begriffen, die für die Griechen verständlich sind. Er übersetzt die Weihnachtsbotschaft für Menschen, die mit romantischen Bildern wenig anfangen können, für Menschen, die wissen wollen, worauf sie setzen und woraus sie leben können.
In jedem Wort dieses Satzes steckt ein großer Reichtum an Bedeutungen. Die Philanthropia, die Menschenfreundlichkeit oder -liebe Gottes, war für die griechische Philosophie ein wichtiges Ideal. Gottes Liebe zu den Menschen ist in dem Kind in der Krippe sichtbar geworden. Die Lateiner übersetzten Philantropia mit *humanitas dei*, das heißt: die Menschlichkeit Gottes.

Das lateinische Wort sagt uns, dass das wahre Antlitz des Menschen uns in Jesus aufgeleuchtet ist: es geschah eine Epiphanie. Mit dem Wort Epiphanie beschrieb man oft das Erscheinen des Kaisers. Immer wenn der Kaiser in einer Stadt einen Besuch machte, sprach man von Epiphanie. Sie führte oft dazu, dass der Kaiser der Stadt die Steuern erließ oder neue Bauvorhaben finanzierte.
Gegenüber diesen weltlichen Vergünstigungen sind uns in Jesus die Güte und Menschenfreundlichkeit Gottes erschienen. Die Epiphanie Jesu bewirkt, dass Gott uns erneuert und rettet.
Soter, der Retter, war für die Griechen auch ein wichtiger Begriff. »Retten« heißt einmal: »heil und ganz machen«. Die größte Not für die Griechen war die Erfahrung der inneren Zerrissenheit. In Jesus macht Gott uns heil, da schafft er uns neu, da verbindet er in uns, was durch eine falsche Lebensführung zerbrochen ist. Und durch Jesus rettet uns Gott aus dem Verderben. Die Menschen erlebten die damalige Welt als korrupt, als verdorben, verloren. Es war die aus-

gehende Antike. Was früher einmal galt, hatte seine Gültigkeit verloren. Es war kein Verlass mehr auf Ordnung und Recht. Alles fiel auseinander. In dieser verlorenen Welt ist die Geburt Jesu die Verheißung, dass Gott einen neuen Anfang setzt. Das gilt auch für uns heute. Die Gnade Gottes, die uns in Jesus erschienen ist, erzieht uns dazu, das wahre Bild des Menschen zu verkörpern, besonnen, gerecht und fromm in dieser Welt zu leben. Es ist das Idealbild des griechischen Menschen. Die Griechen – so hat es der Autor des Titusbriefes erlebt – waren unfähig geworden, ihre eigenen Ideale zu verwirklichen.

In Jesus ist Gottes Gnade sichtbar erschienen, damit wir fähig werden, wahrhaft Mensch zu werden. Die Welt sehnt sich heute danach, dass das wahre Bild vom Menschen aufleuchtet. Wenn das gelingt, dann geht es dieser Welt besser, dann wird sie heiler, dann ist sie gerettet.

Die Hirten an der Krippe

Die Gottesdienstordnung des Weihnachtstages kennt drei Gottesdienste: die Christmette in der Heiligen Nacht, die Hirtenmesse und das weihnachtliche Hochamt am 25. Dezember. Die Hirtenmesse erzählt uns von den Hirten, denen die Engel die frohe Botschaft von der Geburt des Messias verkündet hatten. Sie machen sich auf den Weg nach Betlehem. Sie sprechen zueinander: »Kommt, wir gehen nach Betlehem, um das Ereignis zu sehen, das uns der Herr verkünden ließ.« Sie finden Maria und Josef und das Kind in der Krippe. Sie erzählen von dem, was der Engel ihnen gesagt hatte. Und alle staunten über ihre Worte. Sie selbst waren voller Freude. Von Maria aber heißt es, dass sie alle Worte in ihrem Herzen bewahrte und darüber nachdachte. Sie bewegte sie in ihrem Herzen hin und her, wie es im Griechischen heißt. Es ist eine idyllische Szene, die die Künstler aller Zeiten immer wieder gerne dargestellt haben.

Berühmt ist etwa die Darstellung des niederländischen Malers van der Goes. Da kommen einfache niederländische Hirten und fallen vor dem zarten Kind auf die Knie. Sie falten ihre groben Hände. Ihre harten Gesichter erhellen sich. Sie strahlen auf einmal etwas Zärtliches aus. Das Kind hat sie verwandelt. Lukas hat mit seiner Erzählung zahlreiche Nachdichtungen inspiriert. Gerade der Volksmund kennt viele Ausmalungen von der Anbetung der Hirten. Da wird erzählt, wie die Hirten ihre einfachen Gaben bringen. Das Volk hat sehr viel Liebe in diese Erzählungen hineingelegt. Man spürt aus diesen Geschichten, dass sie das Herz der Menschen anrühren.

Jeder von uns weiß, wie ein Kind Menschen verzaubern kann. Ein zartes Kind kann selbst hartgesottene Männer zum Lächeln bringen. An Weihnachten feiern wir ein besonderes Kind, ein Kind, in dem Gottes Antlitz in dieser Welt aufleuchtet. In ihm strahlt etwas in hellem Glanz, was in jedem Kind in irgendeiner Weise angedeutet wird. In jedem Kind steckt die Verheißung, dass unser Leben neu wird, dass das Harte aufgebrochen und das Dunkle hell wird. Du bist Ausdruck eines einzigartigen Wortes Gottes.

In der Festmesse von Weihnachten wird der Prolog des Johannesevangeliums vorgelesen. Er verkündet das Geheimnis von Weihnachten in Worten, die die Philosophen und Theologen seit jeher bewegt haben, die sie aber nie ganz ausschöpfen konnten. Die Worte lassen das Geheimnis erahnen, das wir in der Geburt Jesu im Stall von Bethlehem feiern. Johannes lässt jede Hirtenromantik vermissen, die die Menschen bei Lukas so anzieht. Er schreibt: »Im Anfang war das Wort und das Wort war bei Gott und das Wort war Gott. Im Anfang war es bei Gott. Alles ist durch das Wort geworden, und ohne das Wort wurde nichts, was geworden ist. In ihm war das Leben und das Leben war das Licht der Menschen. Und das Licht leuchtet in der Finsternis und die Finsternis hat es nicht erfasst.« Und weiter: »Und das Wort ist Fleisch

geworden und hat unter uns gewohnt, und wir haben seine Herrlichkeit gesehen, die Herrlichkeit des einzigen Sohnes vom Vater, voll Gnade und Wahrheit.«
Drei Eigenschaften hat dieses Wort Gottes, von dem Johannes schreibt. Es ist ein schöpferisches Wort. Gott schafft durch das Wort. Das bedeutet auch, dass die Welt durch es verständlich wird. Die Welt ist Ausdruck des Wortes Gottes. Man kann über sie sprechen. Man kann das Geheimnis der Welt in Worten ausdrücken. Im Wort ist Leben. Das Wort bringt Leben. Nach Leben und Lebendigkeit sehnen wir uns alle. In Jesus ist das Leben erschienen. Indem wir auf ihn schauen, entdecken wir, was wahres Leben ist. Und das Wort ist Licht. Es erleuchtet uns. Es erhellt unser Dasein. Durch das Wort, das in Jesus Fleisch geworden ist, wird uns das Geheimnis des eigenen Lebens klar.

Das Bild vom Wort ist sicher sehr schwierig zu verstehen. Vielleicht hilft es, wenn du dir vorstellst, welche Kraft das Wort eines Menschen für Verliebte manchmal haben kann. Ein einziges Wort des geliebten Menschen kann glücklich machen, Licht bringen und Neues schaffen.

Was heißt es nun, dass wir in dem Wort, das Fleisch geworden ist, Gottes Herrlichkeit schauen? Niemand hat Gott je gesehen – so lautet die Botschaft des Alten Testaments. Doch in Jesus wird Gott nun sichtbar. Da leuchtet Gottes Herrlichkeit auf. Im Antlitz Jesu kann der unsichtbare Gott gesehen werden. Und die Herrlichkeit Gottes ist voll Gnade und Wahrheit. In Jesus leuchtet uns die Zärtlichkeit Gottes auf. Da bekommt der allmächtige Gott ein menschliches Herz, voller Liebe und Zärtlichkeit.
Und die Herrlichkeit Gottes ist voller Wahrheit. Wahrheit meint im Griechischen, dass der Schleier, der über der Welt liegt, weggezogen wird. Indem wir auf Jesus schauen, blicken wir durch, da wird uns das innerste Geheimnis der Welt klar. Es ist dann keine unverständliche, kalte und dunkle Welt mehr, sondern eine Welt, die vom Wort Gottes geschaffen wurde, das in

diesem Kind in der Krippe so zärtlich und liebevoll aufleuchtet.

Wir sollen an Weihnachten jedoch nicht nur auf Jesus Christus als das fleischgewordene Wort Gottes schauen. Vielmehr feiern wir an Weihnachten auch, dass Gott in jedem von uns ein einmaliges Wort spricht, das in uns Fleisch werden möchte. Jeder Mensch ist Ausdruck eines einzigartigen Wortes. Und unsere ganze Aufgabe besteht darin, dieses nur uns zugesprochene Wort Gottes durch unser Fleisch, durch unser Leben, durch unser Reden und Handeln und durch unsere Ausstrahlung in dieser Welt vernehmbar werden zu lassen.

Das göttliche Kind in dir

Matthäus erzählt uns auch vom weiteren Schicksal des neugeborenen Kindes. Es war keine heile Welt, in die es geboren wurde. Nachdem die Sterndeuter wieder gegangen waren, erschien dem Josef im Traum ein Engel und befahl ihm: »Steh auf, nimm das Kind und seine Mutter, und flieh nach Ägypten; denn Herodes wird das Kind suchen, um es zu töten.« Das Schicksal Jesu ist ein Bild auch für uns. Das Neue, das in uns geboren werden will, wird bedroht von den Mächten, die alles beim Alten lassen wollen. Vielleicht kennst du Träume von Kindern.

Immer, wenn du von einem Kind träumst, zeigt dir der Traum, dass Gott dich in Berührung bringt mit dem ursprünglichen und unverfälschten Bild in dir und dass in dir etwas Neues entsteht. Doch dieses Neue und Ursprüngliche ist bedroht. Es braucht den Schutz von Vater und Mutter, das heißt, es braucht nicht nur den Schutz anderer Menschen, sondern vor allem deinen eigenen Schutz. Du musst väterlich und mütterlich umgehen mit dem, was in dir entstehen möchte. Und was in dir werden will, das ist das göttliche Kind.

Jeder von uns – so sagt uns die Mythologie aller Völker – ist letztlich ein göttliches Kind, das ausgesetzt ist in diese Welt. Es muss fliehen vor Herodes, das heißt vor dem in uns, das Angst hat vor dem kleinen und hilflosen Kind, vor unserem Über-Ich. Offensichtlich spürt es, dass das Neue, das in uns geboren wird, mächtiger ist als alles Festhaltenwollen am Alten. Alle menschlichen Geschichten, so sagt der amerikanische Psychologe John Bradshaw, handeln »von einem göttlichen Kind, das ausgesetzt worden ist und sich auf der Reise zu seinem wahren Selbst befindet.«
Das göttliche Kind in uns braucht erst einen Schutzraum, damit es immer stärker wird und den Bedrohungen durch die Mächte dieser Welt gewachsen ist. Josef, Maria und das Kind bleiben so lange im Schutz der Fremde, bis der

Engel von Neuem dem Josef im Traum erscheint und ihm befiehlt: »Steh auf, nimm das Kind und seine Mutter, und zieh in das Land Israel; denn die Leute, die dem Kind nach dem Leben getrachtet haben, sind tot.«
Oft gibt auch uns ein Engel im Traum die Weisung, nun endlich aufzustehen und das eigene Leben zu wagen. Wir sollten dem göttlichen Kind in uns trauen. Es ist stark genug, sich gegen die alten Mächte dieser Welt, gegen die alten Stimmen in unserem Über-Ich durchzusetzen.

Die Mächte, die dem göttlichen Kind nach dem Leben trachten, sind tot. Sie haben keine Macht mehr über dich. Das göttliche Kind, das ist deine Seele. Das ist die innere Ahnung, wer du wirklich bist. Das ist die Verheißung, dass du einmalig bist und eine einzigartige Lebensspur in diese Welt eingräbst. Ich wünsche dir, dass du dem Engel traust, der zu dir im Traum kommt, um dir den Weg zu weisen in das authentische und nur für dich stimmende Leben, das Gott dir zugedacht und dir allein verheißen hat.

Das ist meine Hoffnung an jedem Weihnachtsfest, dass ich das Bild des göttlichen Kindes und in ihm Christus selbst so tief in mich einbilde, dass alles, was ich nach außen denke, tue und ausstrahle, Christus ausbildet, Christus sichtbar werden lässt. An Weihnachten wünschen wir einander »Gesegnete und frohe Weihnachten«. Wir gehen aufeinander zu. Und in diesem Zugehen steckt die Hoffnung, dass wir nicht nur an Weihnachten, sondern über Weihnachten hinaus für lange Zeit einander in einem anderen Licht sehen werden.

Zeit der Sehnsucht

Die Weihnachtszeit schließt mit dem Fest der Taufe Jesu, das am Sonntag nach Dreikönig gefeiert wird. Dieses Fest will uns auch an unsere eigene Taufe erinnern, die dem göttlichen Kind in uns den Rücken stärkte. Dieses Fest will auch dir die Gewissheit schenken: Du bist geliebt, so wie du bist.

Stelle dir nur vor, wie es wäre, wenn dieses Wort stimmen würde. Vielleicht wächst dann auch in dir eine Ahnung: Ja, es ist gut so, wie es ist. Vielleicht wecken diese Worte in dir zumindest die Sehnsucht danach, von Gott bedingungslos geliebt zu sein. Und in der Sehnsucht ist schon die Liebe Gottes, die dich umgibt und dir zusagt: Du bist einmalig. Du bist mein geliebter Sohn, du bist meine geliebte Tochter. Traue dem, was in dir ist. Ich selbst habe es dir geschenkt, damit du dein Leben lebst und darauf vertraust, dass dein Leben Licht bringt in die Dunkelheit dieser Welt.